DILLO CON LE PAROLACCE

Il Primo Dizionario Internazionale del Turpiloquio – 800+ Volgarità, Insulti e Imprecazioni in 35 Lingue Diverse

Erminio Ottone

Accademia del Buonumore

ISBN 978-1-915218-18-6

Copyright © 2022 by Erminio Ottone - Tutti i diritti riservati.

Prima edizione: Febbraio 2022

Tutti i diritti sono riservati. È vietata qualsiasi utilizzazione, totale o parziale, dei contenuti inseriti nel presente portale, ivi inclusa la memorizzazione, riproduzione, rielaborazione, diffusione o distribuzione dei contenuti stessi mediante qualunque piattaforma tecnologica, supporto o rete telematica, senza previa autorizzazione scritta dell'autore.

Le citazioni o le riproduzioni di brani di opere effettuate nel presente volume hanno esclusivo scopo di critica, discussione e ricerca nei limiti stabiliti dall'art. 70 della Legge 633/1941 sul diritto d'autore, e recano menzione della fonte, del titolo delle opere, dei nomi degli autori e degli altri titolari di diritti, qualora tali indicazioni figurino sull'opera riprodotta.

Indice

INTRODUZIONE 1
1. ALBANESE 5
2. ARABO 11
3. CATALANO 17
4. CINESE 21
5. COREANO 27
6. CROATO 31
7. ESPERANTO 35
8. FILIPPINO 39
9. FINLANDESE 43
10. FRANCESE 47
11. GEORGIANO 53
12. GIAPPONESE 57
13. GRECO 61
14. HINDI 65
15. INDONESIANO 69

16. INGLESE	73
17. LATINO	79
18. LITUANO	83
19. OLANDESE	87
20. PERSIANO	91
21. POLACCO	97
22. PORTOGHESE	101
23. RUMENO	107
24. RUSSO	111
25. LINGUE SCANDINAVE	117
26. SPAGNOLO	123
27. TEDESCO	131
28. THAILANDESE	137
29. TURCO	141
30. UNGHERESE	145
31. YIDDISH	149
RINGRAZIAMENTI	153

INTRODUZIONE

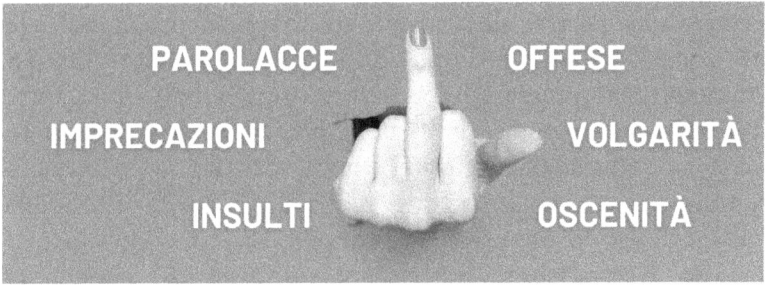

Qualcuno ha detto che le parolacce dimostrano la povertà del linguaggio di chi le pronuncia.

Bene, quella persona ha detto una grandissima stronzata!

Le parolacce infatti non sono solo utili, sono anche incredibilmente ricche di significati. Ok, il turpiloquio non è una forma di espressione culturale ricca e varia come il cibo o la musica, ma sicuramente è una finestra altrettanto chiara sulle priorità, le paure e i gusti delle persone che lo creano e lo usano. Cosa meglio, quindi, che scoprire le parolacce utilizzate in altri paesi e culture? Non serviranno solo a litigare in viaggio o a prendere in giro i vostri amici stranieri. Molte espressioni ci aiutano a capire meglio i popoli che le utilizzano.

Volendo semplificare, possiamo distinguere quattro aree nelle quali la volgarità verbale si articola:

Gerarchia e famiglia

Alcune delle parole più offensive in molte culture sono caratterizzate da tabù relativi alla gerarchia familiare. In particolare, la mancanza di rispetto per la madre della persona insultata è abbastanza comune, specialmente nelle lingue latine (meno nel francese), così come nelle lingue slave, balcaniche, arabe e cinesi. Questi insulti ovviamente sono più comuni nelle società incentrate sulla famiglia allargata e spesso si estendono anche ai parenti più lontani.

Parti del corpo e sesso

Le parolacce relative alle parti del corpo sono probabilmente le più comuni in tutte le lingue. Questo è certamente vero per l'inglese, dove gli insulti che invocano parti del corpo vanno da quelle relativamente innocue ai più alti livelli di offesa. In Cina o in Russia, pronunciare il nome dell'organo maschile o femminile esprime irritazione; noi italiani poi abbiamo una varietà di epiteti offensivi legati ai genitali che non ha pari al mondo! Naturalmente, dove ci sono parolacce sui genitali, ci sono anche quelle sul sesso.

Blasfemia

Molte culture considerano blasfemo invocare la terminologia o le immagini religiose. Nei paesi cattolici la bestemmia ha una lunga tradizione storica ed è tuttora molto comune. Discorso opposto possiamo invece fare per i paesi a maggioranza islamica, dove al nome di Dio non può essere assolutamente accostato alcun epiteto. Una curiosità? Nei paesi scandinavi, alcune delle parolacce più comuni includono Satana, il diavolo e l'inferno. In questo libro non affronteremo direttamente l'argomento bestemmie in quanto merita uno spazio tutto suo.

Pulizia e salute

Per la maggior parte delle società, l'igiene personale - e la salute, cui è storicamente collegata - sono da sempre elementi centrali nel giudizio sulle persone. Ne consegue che gli escrementi sono spesso relegati nel regno del tabù, tanto che le parolacce e le offese relative sono popolari in tutto il mondo. È interessante notare che l'attenzione per la pulizia si traduce a volte in disprezzo per le malattie (ed i malati). In polacco, "*colera!*" è un'imprecazione catartica, e in thailandese si può augurare il colera a qualcuno. In olandese, cancro, colera e tifo sono invocati abbastanza frequentemente. Per offendere qualcuno, si arriva addirittura a chiamarlo "*malato di cancro*".

Dopo questa rapida rassegna, possiamo concludere che dire parolacce è un bisogno umano fondamentale. Non importa da quale parte del mondo vieni, cosa hai studiato o come ti vesti: quando sbatti il mignolo del piede contro l'angolo del letto o sei bloccato nel traffico, l'unica cosa che ti può far stare meglio è un'imprecazione. Insomma, le parolacce sono radicate nel profondo di ognuno di noi, sono ciò che abbiamo in comune in quanto esseri umani.

Ovviamente non è così importante quello che si dice, ma che certi concetti vengano espressi in modo efficace. Imprecare o Insultare qualcuno sicuramente serve a sfogare la rabbia, a scaricare la tensione e quindi - in una certa misura - a sentirsi meglio. Ma poiché le parolacce - a furia di ripeterle - possono svalutarsi e perdere di efficacia, di tanto in tanto ne servono di nuove. Con l'obiettivo di dare il giusto riconoscimento a questo dono umano infinitamente creativo, ho quindi pensato di raccogliere in questo libro una guida ragionata alle migliori (!) parolacce in ogni lingua.

Alcune note prima di tuffarsi nella lettura, anche se probabilmente i più stronzi tra voi le ignoreranno.

• Non troverete qui nessun epiteto che abbia a che fare con l'orientamento sessuale o l'etnia o la misoginia. Ho infatti inteso questo lavoro come una celebrazione della ricchezza del linguaggio umano, non del suo odio.

- Quando mi sono misurato con alfabeti diversi dal nostro, ho riportato la traslitterazione dei termini originali.
- Ho tralasciato le bestemmie. Non sono parolacce nè insulti. Meritano un libro a parte.
- Questo è ovviamente molto, molto lontano dall'essere un elenco definitivo. La lingua si evolve, per fortuna. Alla fine del libro vi lascio un link per inviarmi eventuali insulti in lingue strane di cui siete a conoscenza. Se mi piacciono, le aggiungerò alla prossima edizione!

Adesso basta con le cazzate, passiamo alle cose serie.

Buona lettura!

ALBANESE

L'Albania ha uno storico legame con l'Italia e la lingua albanese è molto diffusa nel nostro paese, si calcola che sia parlata da circa mezzo milione di persone. Ovviamente le parolacce è sempre meglio evitarle, ma sicuramente avrete più possibilità di ascoltare queste che quelle in finlandese. Al lavoro!

Kar
Cazzo

Pith
Figa

Bushter / Kurvè / Putane
Puttana

Binbushtre
Figlio di puttana

Qi
Scopare

Ik qiu
Vaffanculo

Kurvar
Puttaniere

Muti
Merda

Cope muti
Pezzo di merda

Ma thith karin
Succhiami il cazzo

Trap
Stronzo

Bole
Coglione

Kopil / Maskara
Bastardo

Budalla
Scemo

Shkoni ne ferr
Va' al diavolo

Kok karifa
Testa di cazzo

Gomar
Asino

Pordhe
Scoreggia

Bytha
Culo

Gop
Puttana (se donna), Stronzo (se uomo)

Lesh!
Merda! (come imprecazione, lett. "pelo pubico")

Vdeksh
Crepa

Fshatar
Cafone

Te qishfa nènèn
Mi scopo tua mamma

Robqir
Fanculo alla tua famiglia

Mamaderr
Tua madre è una troia

Bjeri me Dore
Masturbarsi

Ma buth karin
Baciami il cazzo

Humbameno
Sfigato

Mos ha mut!
Taci! (in modo volgare, lett. "non mangiare merda")

Ta Qift Gjyshi Nanen
Possa tuo nonno scopare tua madre

2
ARABO

Come ogni altra lingua, anche l'arabo vanta un nutrito vocabolario di insulti e parolacce. Trattandosi di una tra le lingue più diffuse al mondo, parlata in posti anche molto lontani e diversi tra loro, ogni cultura ha sviluppato proprie varianti e peculiarità. Siccome non abbiamo l'ambizione di diventare esperti di arabo, qui ci limiteremo ad imparare le più comuni, comprese più o meno dappertutto. Come sempre, niente alfabeti strani e usiamo la traslitterazione.

❖

Zeb
Cazzo

❖

Kos
Figa

❖

Kara
Merda

Hakeer / Nadel
Bastardo

Roh intak
Vaffanculo

Mallon / Ras zeb
Testa di cazzo

Teez
Culo

Tkaseresce bidi
Non rompermi le palle

Maniak
Stronzo

Latoshor halik
Fatti i cazzi tuoi

Iktafi
Fottiti

❖

Gabbi
Scemo

❖

Mrakab groon
Cornuto

❖

Wejeh kara
Faccia di merda

❖

Sharmoota
Puttana

❖

Mafi majal
Col cazzo! (Non c'e' modo)

❖

Kos oktak
La figa di tua sorella (espressione da usare con estrema parsimonia)

❖

Kos immak
La figa di tua mamma (vale quanto detto sopra, lo dico per voi)

❖

Yadroot
Scoreggia

Ablah
Stupido

Yejaker
Scopare

Ako sharmootah
La puttana di tua sorella (già sapete)

Yamroge
Sega

Sakkir
Taci! (in modo maleducato)

Yearred
Pisciare

Sharinot
Stronzo

Safil
Porco

Mabifrik ala zibi
Non me ne frega un cazzo

CATALANO

La lingua catalana è ricca di espressioni che riflettono la storia e la cultura dell'identità locale - e le parolacce sono altrettanto creative. Che si tratti di dire a qualcuno che sta dando fastidio o di fargli sapere che è un po' tonto, le parolacce e le espressioni catalane faranno sicuramente colpo sulla gente del posto. Prendete nota per il vostro prossimo viaggio a Barcellona e fatene buon uso!

◆

Hòstia
Ostia! (imprecazione)

◆

Merda
Merda

◆

Polla
Cazzo

◆

Cony
Figa

❖

Fill de puta
Figlio di puttana

❖

Torracollons
Rompicoglioni

❖

Llepaculs
Leccaculo

❖

Pamfil / Estùpid
Stupido

❖

Cabrò
Bastardo

❖

Pocatraça
Imbranato, sfigato

❖

Babau / Imbecil / Idiota
Idiota, imbecille

Em cague en la mare que t'ha parit
Cago sulla madre che ti ha messo al mondo

Els collons
Palle, cazzate

Ves-te'n a prendre pel cul
Vaffanculo

Ves-te'n a fregir espàrrecs
Lett. "Vai a friggere gli asparagi", vaffanculo

Puta merda
Puttana merda! (imprecazione rafforzata)

Cara pet
Faccia da scoregge

Ser un/a figa
Essere un idiota (attenzione a non fare confusione qui!)

4
CINESE

Nella lingua cinese le parolacce non mancano, anche se il linguaggio sboccato non è così comune, specialmente tra le donne. Rispetto a quanto siamo abituati in Italia, anche in Cina abbondano le offese verso i familiari (specie di sesso femminile), i riferimenti alla sessualità e le offese personali. Sono invece meno utilizzate la blasfemia – dove noi vantiamo un primato mondiale – e le espressioni particolarmente volgari. Siccome non penso dobbiate parlare spesso in cinese, l'elenco che segue serve a farvi capire se la commessa del bar sotto casa vi sta mandando affanculo mentre sorride dandovi il resto. Ah, come sempre niente alfabeti strani, la traslitterazione è la soluzione.

Bī
Figa

Lanbī
Figa rotta

Biaozi
Troia, cagna

Huaidan
Bastardo (lett. "uovo rotto")

Daizi
Idiota

Shazi
Cretino

Piyan
Buco del culo

Bendan
Stupido (lett. "uovo stupido")

Chun / chunzu
Stupido (come un maiale)

Zhutou
Testa di cazzo (lett."testa di maiale, stupido come un maiale")

Shabi
Figlio di puttana

Lucha biao
Puttanella, nonostante le apparenza

Biao yang di zi
Figlio di puttana

Cào / Gàn
Scopare

Dǎpào
Sborrare

Gàn nǐ niáng
Fanculo tua madre

Chui gong
Pompino

Feihuà
Cazzate!

Gonggong qiche
Troione (lett. "autobus pubblico", sarebbe la nostra "nave scuola")

Fàngpì
Scoreggiare (usato anche per "dire cazzate")

Tā mà dè
Lett. "di tua madre", è usato come imprecazione ("merda!")

Qù si
Crepa

Qù ni dè
Vaffanculo, vai a quel paese

Cao ni mà
Altro vaffanculo, con riferimento alla madre

Jiào nǐ shēng háizi méi pìgu yǎn
Possano i tuoi figli crescere col buco del culo chiuso (!)

Ni muqin shi yi ge da wugui!
Tua madre è una gran tartaruga (?)

◈

Chòu biǎozi
Troia puzzolente

◈

Zìkuài
Masturbazione

◈

CORFANO

Il turpiloquio nella lingua coreana è indicata come *yok* e comprende diversi insulti o parolacce. Molte di queste parole hanno un significato linguistico e storico interessante, con origini diverse tra loro. Il termine coreano per cane, 'gae', per esempio, può essere usato nel discorso quotidiano senza alcuna connotazione offensiva. Quando viene applicato ad una persona, tuttavia, 'gae' e le sue varianti (tra cui 'Gaesaekki', letteralmente 'figlio di un cane') diventano termini scurrili che non sarebbero appropriati per una conversazione formale o educata.

Jot / Ja-ji
Cazzo

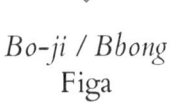

Bo-ji / Bbong
Figa

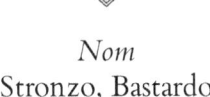

Nom
Stronzo, Bastardo

Nyeom
Stronza, Puttana

Em-chang / Neu-geum-ma
Tua mamma è una puttana

Geol-le-gat-eun-nyeon
Troia

Gae-sae-kki
Figlio di puttana

Byeong-shin
Scemo, Testa di cazzo

Ssi-bal
Scopare, ma viene usato come rafforzativo di altre espressioni (come il *fuck* inglese)

Yeot-meog-eo
Vaffanculo

Jen-jang
Merda! (imprecazione)

❖

Kkeo-jyeo
Va' al diavolo, sparisci

❖

Gu-gang sung-gyo
Pompino

❖

Seong-gyo
Scopata

❖

Ha da / Hap-geung
Scopare

❖

Gal bo / Chang Yeo / Geol-lae
Mignotta, prostituta

❖

Ddong-gu-meong
Buco del culo

❖

Bbanggu
Scoreggia

Ja-wi-ha-da
Masturbarsi

Jeot-gat-eun-nom
Faccia di cazzo

CROATO

Se avete mai visto giocare il leggendario tennista Goran Ivaniševic, allora saprete che quando si tratta di parolacce creative in campo, lui era un talento naturale. In realtà, non era un caso isolato: i croati sono dietro solo aagli italiani in Europa quando si tratta di lasciarsi andare al turpiloquio!

❖

Sranje
Merda! (imprecazione)

❖

Jebote / Jebem ti'
Fanculo

❖

Odjebi
Vaffanculo

❖

Kurac
Cazzo

❖

Popuši mi ga
Fammi un pompino

❖

Pička
Figa

❖

Kuja
Cagna, stronza

❖

Kurva
Puttana

❖

Drolja
Troia

❖

Picka ti materina
Lett. "la figa di tua madre", usato come "fanculo!", "va' a cagare"

❖

Nabijem ti kitu u usta
Ti metto il cazzo in bocca

❖

Mamu ti jebem u guzicu
Inculo tua madre

Jedi govna
Mangia merda

Kurvin sine
Figlio di puttana

ESPERANTO

L'esperanto la lingua artificiale più diffusa al mondo, ideata da un oftalmologo polacco nel 1887 con l'obiettivo di creare una seconda lingua universale per la comunicazione internazionale. Come le lingue naturali, anche l'esperanto contiene parole adatte al turpiloquio. D'altronde, che lingua sarebbe se non fosse possibile dire parolacce?

Fiku
Cazzo

Picxo
Figa

Cxiesulino
Puttana

Fiki / Seksumi
Scopare

Fingrumi
Masturbarsi

Anuso
Buco del culo

Fek!
Merda! (imprecazione)

Feko
Merda

Furzo
Scoreggia

Kaco
Cazzo

Kacego / Kaceto
Cazzone / Cazzetto

Pisi
Pisciare

Putinfilacxo
Figlio di puttana

Onani
Sborrare

Midzi
Fare un pompino

Kreteno
Idiota

Fektruo
Stronzo

Kaki
Cagare

8
FILIPPINO

Il filippino, la lingua nazionale delle Filippine, è il registro standard del tagalog, una lingua del gruppo linguistico austronesiano imparentata con indonesiano, malese e hawaiano. In Tagalog, il turpiloquio ha molti nomi: in un contesto religioso o formale, è chiamato *lapastangang pananalita* ("discorso blasfemo/irriverente") o *pag-alipusta/panlalait* ("insulto"). Colloquialmente si usano le parole *mura* ("parolaccia") e *sumumpâ* ("augurare il male a qualcuno"). A causa delle passate amministrazioni coloniali, alcune parolacce tagalog hanno le loro radici etimologiche in lingue europee.

❖

Tae / Dumi
Feci (il filippino non ha un termine volgare per chiamare gli escrementi!)

❖

Putang ina mo
Tua mamma è una troia

❖

Punyeta
Stronzo (deriva dallo spagnolo, lett. sega)

Gago / Botlog / Bobo
Scemo, Stupido

Pakshet
Cazzo! o Merda! usato come imprecazione

Pakshet ka!
Fanculo!

Hayop / Hinayupak
Animale, come offesa

Puki / Kiki / Pekpek
Figa

Titi / Burat
Cazzo

Puwit
Sedere, non esiste l'equivalente di "culo" in senso volgare

Supot
Lett. "sacchetto di carta", indica in modo dispregiativo chi non

è circonciso ("immaturo", "sporco")

Tsupa
Pompino

Jakol / Salsal / Bato
Sega (masturbazione maschile)

Tarantado
Stupido

Kupal
Coglione

Leche
Sborra (o qualcuno/qualcosa fastidioso)

FINLANDESE

La lingua finlandese non fa parte del ceppo scandinavo, avendo caratteristiche pressoché uniche e molto differenti dalle lingue parlate in Danimarca, Svezia e Norvegia. Questo idioma ricco di consonanti fa infatti parte del ceppo linguistico ugro-finnico insieme all'estone ed all'ungherese. Per quanto ci riguarda, le parolacce, bisogna stare attenti ai "falsi amici": "katso" è l'imperativo del verbo guardare, "kuulo" significa invece "udito". Vediamo invece insulti ed imprecazioni autentici.

❖

Huora
Puttana

❖

Kyrpa / Molo
Cazzo

❖

Molopää
Testa di cazzo

Paska / Skeida
Merda

Pillu / Reva
Figa

Runkata
Masturbarsi

Runkkari / Runkku
Segaiolo

Vittu
Letteralmente significa "figa" ma viene usato come "fuck" inglese, per esprimere frustrazione o rafforzare una espressione

Perkele
Merda! (lett. "il diavolo")

Saatana / Helvetti
Satana / L'inferno (in Finlandia amano inserire il demonio nel discorso volgare)

FRANCESE

Hai mai sentito le parole 'putain', 'merde', 'bordel'? Non puoi davvero dire di parlare francese se non conosci almeno gli insulti principali. Alcune di queste volgarità potrebbero farti sentire un po' a disagio o addirittura sciocarti. Ma non preoccuparti se hai offeso qualcuno, puoi sempre dare la colpa alla cattiva conoscenza della lingua. Il miglior modo per impararne altre è vivere in una famiglia francese o seguire film e serie TV in lingua originale. Per ora, impara quelle fondamentali qui sotto.

Merde
Merda, usato come intercalare

Putain
Letteralmente "puttana", ma è assimilabile come utilizzo al nostro "cazzo!" (imprecazione)

Bordel
Letteralmente "bordello" ma viene utilizzata in maniera simile a *putain*

Putain de merde / Bordel de merde / Putain de bordel de merde
Sono tutte combinazioni molto popolari delle tre parolacce di cui sopra. Esprimono rabbia e/o frustrazione

Fait chier
Fa cagare, usata spesso come vaffanculo

Fils de pute
Figlio di puttana

Fils d'un chien
Figlio di un cane

Con (m.) / Conne (f.)
Coglione/a

Salope, Garce, Pute
Tre modi per dire "puttana"

Chatte
Letteralmente "gatta", per quanto riguarda noi significa figa (genitale femminile)

J'en ai rien à foutre, Je m'en fiche, J'en ai rien à battre
Sono tutti modi coloriti di dire "me ne frego"

Crétin
Cretino

Bâtard
Bastardo

Bouffon
Buffone

Abruti
Sfigato

Va te faire foutre
Vaffanculo, Vai a farti fottere

Nique ta mère
Fanculo tua madre

Bite
Cazzo (inteso come pene, non come imprecazione)

Cul
Culo

Pipe
Pompino

Fouttre, Basier, Niquer
Tre modi per dire "scopare"

Couillons
Coglioni

Trou du Cul
Buco del culo

Ta Gueule
Taci (in modo maleducato)

Je t'emmerde
Va' a cagare

Débile
Scemo

Casse-toi
Vattene

Casse coullies
Rompigoglioni

Tu pues comme un égout
Puzzi come una fogna

Pet, Peter
Scoreggia, Scoreggiare

Pisse, Pisser
Pisciata, Pisciare

Zizigot
Cazzo

Retourne enculer les mouches
Torna a inculare le mosche

GEORGIANO

La Georgia è una piccola repubblica nel Caucaso e vanta un alfabeto molto particolare che risale a circa duemila anni fa. Venendo alle parolacce, la Chiesa ortodossa georgiana è tradizionalmente molto critica nei confronti del turpiloquio, descrivendolo come "parole diaboliche di morte", che porteranno a "una severa punizione da parte di Dio". Nel 2019, il presidente del Parlamento suggerì addirittura di rendere la bestemmia georgiana punibile per legge, ma l'allora ministro della Giustizia si oppose dicendo "questa legge ci porterebbe tutti in prigione, è meglio proteggere la libertà di espressione".

Q'le
Cazzo

Mut'eli
Figa

Dzudzu
Tette

T'rak'i
Culo

T'rats'i / Mdzghneri
Merda

K'uili
Scoreggia

T'q'vna / Shetsema / Gatkhra
Scopare

Sheni jishi movt'q'an!
Ho scopato i tuoi antenati (le tue origini)

Ndzreva
Sega

Tesli
Sborra

Q'listava
Testa di cazzo

Chems q'les
Non me ne frega un cazzo

Bozi
Puttana

Bozishvili
Figlio di puttana

Dzaghlishvili
Figlio di un cane

Ghorishvili
Figlio di un porco

Virishvili
Figlio di un asino

Dzuk'na
Cagna, stronza

Mak'otse t'rak'ze!
Baciami il culo

K'uana
Lett. "Scoreggione" ma viene usato per dare del vigliacco a qualcuno

Qveri
Palle, testicoli

◆

Shen q'verebs venatsvale!
Lett. "Adoro le tue balle!", è una forma per esprimere ammirazione che può essere utilizzata anche da un genitore verso il figlio (!)

◆

GIAPPONESE

Il turpiloquio nella lingua giapponese può riguardare riferimenti scatologici o mirare ad offendere l'interlocutore commentando negativamente la sua abilità, il suo intelletto o il suo aspetto. Inoltre, ci sono diversi livelli di linguaggio in Giappone che indicano cortesia, posizione sociale e rispetto: l'uso di una forma lessicale scorretta può essere esso stesso un insulto per l'ascoltatore.

Chinpoko / Mara / Dankon
Cazzo

Abazure
Troia

Yariman
Puttana

Konchikushou
Figlio di puttana, bastardo

Manko / Chitsu / Wareme
Figa

Kutabare
Vaffanculo

Shinjimae
Va' all'inferno, crepa

Chikusho / Kuso
Merda! Cazzo! (imprecazione)

Hekoki
Scoreggione

Aho / Baka
Idiota

Manuke
Sfigato

Dabu
Grassone

Kusotare
Pezzo di merda

Komasu
Scopare

Unko
Merda

Shikko
Piscia

Bontsuke
Stupido

GRECO

L'erotismo è centrale nella cultura ellenica sin dall'antichità. Non è quindi una sorpresa scoprire che molte delle espressioni più sconce in greco hanno una forte attenzione al sesso, anche quando non hanno nulla a che fare con esso! Ma i greci hanno anche un'apparente inclinazione per le funzioni corporali. Freud direbbe probabilmente che i greci, e forse la cultura greca nel suo complesso, si sono trovati bloccati nelle prime fasi dello sviluppo psicosessuale - orale, anale e fallico. Non siete sicuri di quello che voglio dire? Ve lo spiego qui sotto.

Malakas
Segaiolo, nel senso di coglione, stronzo

Gamoto!
Cazzo! (imprecazione, alla fuck americano)

Ai gamisou
Vaffanculo

Scata
Merda

Skata na fas ke pethanees
Va' a mangiar merda e muori

Poutsa
Cazzo

Mouni
Figa

Kolos
Culo

Skula
Cagna, troia

Hestika
Mi cago addosso, inteso come me ne frego

Mou eprikse t'arxidia
Ne ho le palle piene

Sto boutso mou
Me lo scrivo sul cazzo (!)

Gamo ti poutana mou
lett. "scopo la mia puttana", viene usato come imprecazione (Merda!)

Den mas xezeis?
La smetti di dire stronzate?

Skata sta moutra sou
Lett. "merda sulla tua faccia", si usa per dire stupido, coglione

Moutza
Fanculo

Vasillios xezonakis
Pezzo di merda

Vlacas
Idiota

HINDI

La lingua hindi comprende un gran numero di parolacce. Come accade per tutte le espressioni idiomatiche, alcuni gli insulti hindi non sono sempre direttamente traducibili in altre lingue, o hanno poco senso quando vengono tradotti. Le offese hindi contengono spesso riferimenti all'incesto e alla nozione di onorabilità. L'uso di un linguaggio osceno nei film indiani e nelle canzoni di Bollywood è raro, anche se le parolacce sono spesso usate dalle star del cinema e dalla troupe durante la produzione.

Chutiya
Coglione

Bhosdike
Troia

Bhadwa
Puttaniere

Chinaal
Puttana

Randi / Raand
Prostituta

Gaand
Culo

Gaand maraa
Vaffanculo

Gaandu
Stronzo (in alcune zone vuol dire solo "scemo" pero')

Chut
Figa

Lund / Lawda
Cazzo

Kutte / Kutiya
Cane / Cagna

Tatti
Merda

Bund
Buco del culo

Khatti lassi ki pichkari
Sborrare

Teri maa ki chut / Teri bhen ki chut
La figa di tua madre / di tua sorella

Teri maa ka bhosda
La figa di tua mamma allargata dall'eccessivo uso

Jhaantu
Imbecille, idiota

INDONESIANO

L'indonesiano è una variante del malese (a cui somiglia molto), divenuta lingua ufficiale del Paese nel 1945. È parlata come lingua madre solo dal 7% circa della popolazione indonesiana e dal 45% circa di quella malese, anche se ben 155 milioni di persone la utilizzano come seconda lingua (pur con gradi di padronanza piuttosto diversi). Si tratta dunque di un mezzo di comunicazione indispensabile in una regione che conta circa 726 lingue locali. Come in italiano, le parolacce in indonesiano sono usate anche in modo scherzoso. Molti comici, per esempio, dicono parolacce per enfatizzare i significati o per rendere le loro battute più divertenti. Ovviamente tutto dipende dal tono e dal contesto, come sempre.

❖

Kontol
Cazzo

❖

Goblok / Bodoh
Stupido

Asu / Anijing
Cane (offesa terribile!)

Pantat
Culo

Tai / Taik
Merda

Bajingan
Testa di cazzo

Badebat
Figlio di puttana

Pelacur / Jablai
Mignotta, prostituta

Sialan lu
Vaffanculo

Sial
Merda! (imprecazione)

Jalang
Puttana

Bangsat / Kampungan
Idiota, sfigato

Monyet
Scimmia (da quelle parti è un'offesa)

Otak udang
Hai la merda nel cervello

Cabe lo
Sei una stronza

Babi lu
Sei un porco

INGLESE

L'inglese è la lingua universale, quella che tutti studiamo a scuola e che prima o poi nella vita dobbiamo parlare. A scuola però non ci vengono insegnate parolacce ed insulti, nonostante siano una parte importante del linguaggio quotidiano. Vediamo di rimediare. Se volete conoscere la pronuncia corretta vi basterà vedere serie e film in lingua originale: è il miglior modo per scoprire tutti gli usi di "fuck", il vero jolly del turpiloquio americano.

❖

Ass
Culo

❖

Asshole
Stronzo

❖

Bitch
Stronza (puttana)

❖

Bullshit
Stronzata

Cock, Dick
Cazzo

Cocksucker
Ciucciacazzi

Cunt
Letteralmente "vagina" ma viene usato come insulto nel senso di vigliacco, coglione

Bastard
Bastardo

Dumbass
Idiota

Fuck
Usatissima come imprecazione ("cazzo!"), è una parolaccia jolly

Fuck You, Fuck Off
Vaffanculo

Fuck it
Non me ne frega un cazzo

I don't give a shit
Me ne frego, in modo volgare

Jerk, Jackass
Coglione

Lick my ass
Leccami il culo

Moron
Stupido

Motherfucker
Testa di cazzo

Piss
Pisciare

to Piss off
Rompere i coglioni, far incazzare

to Bugger off
la versione british di *Piss off*

Pissed off
Incazzato, scazzato

Pussy / Twat
Figa

to Screw
Scopare

Shit
Merda

Slut
Troia

Son of a bitch
Figlio di puttana

Whore
Puttana

Shitface
Faccia di merda

Wanker
Segaiolo

Go to hell
Vai all'inferno

Bloody Hell
Colorita imprecazione inglese, "maledizione"

Get lost
Sparisci, vattene

LATINO

Oggi il latino è la lingua della Chiesa Cattolica, ma gli antichi romani quando lo parlavano quotidianamente non si facevano problemi ad utilizzare espressioni volgari. Addirittura nella letteratura latina possiamo trovare diversi autori che descrivevano le proprie relazioni amorose con termini scurrili, spesso fantasiosi. Anche per chi ha studiato il latino al Liceo, quanto segue sarà una divertente sorpresa.

❖

Verpa
Cazzo

❖

Mentula
Cazzo (meno volgare del precedente)

❖

Colei
Coglioni, testicoli

❖

Vulva
Figa

Landica
Clitoride

Culus
Culo

Futuere
Scopare

Pedicare
Sodomizzare

Irrumare
Farsi fare un pompino

Fellare
Fare un pompino

Masturbari
Masturbare

Cacare
Cagare

Merda
Merda

Lupa
Puttana

Nugas garris
Dici cazzate

Stultus
Scemo

Scortum
Troia, prostituta

Fornicata est mater vestra
La puttana di tua mamma

Stercorem pro cerebro habeas
Hai la merda al posto del cervello

Iuppiter te perdat!
Maledetto!

Fugite in malam crucem!
Va' all'inferno!

Vappa ac nebulo
Stronzo

Stercoreus
Puzzolente (di merda)

Fututus et mori in igni
Vaffanculo e muori bruciato

LITUANO

Il lituano ha pochissime "vere" parolacce e la maggior parte ha a che fare con la natura - paragonando la persona o l'oggetto maledetto alle caratteristiche sfavorevoli dell'oggetto naturale. Per esempio, viscido come un rospo, che abbaia come un cane pazzo, utile come uno stagno insabbiato, ecc. Come parte dell'"eredità" di circa 50 anni di occupazione sovietica, molti lituani - specie i più anziani - tendono ancora a usare parolacce prese in prestito dal russo. I giovani lituani invece usano spesso parolacce di origine occidentale (fuck, suck, etc.). Per chi si volesse dedicare al turpiloquio durante un weekend a Vilnius, di seguito un elenco completo di volgarità lituane doc.

❖

Pyzdink / Uzsipisk / Neuzpisk
Vaffanculo

❖

Durnius
Stupido

❖

Kretinas
Cretino

Debilas / Idiotas
Idiota

Pyzda
Figa

Ishdulkint
Scopare

Shiknaskyle
Stronzo

Shudas / Meshlas
Merda

Bybis / Byrka
Cazzo

Kale
Troia

Kales vaikas
Figlio di puttana

Chiulpk biby
Fammi un pompino

Bybiciulpys
Pompinaro

Valink nachui
Fanculo, sparisci

Sudo gabalas
Pezzo di merda

Subinlaizhis
Leccaculo

Bybio galva
Testa di cazzo

Eik velniop
Va' all'inferno

Aviepisa
Scopapecore (!)

Kalakutpisa
Scopatacchini (!!)

Toad
Rospo (è un'offesa)

OLANDESE

Le parolacce olandesi si basano spesso su vari nomi di malattie. In molti casi, queste parole si sono evolute in gergo e molti eufemismi per le malattie sono di uso comune. Inoltre, come accade nel resto del mondo, un numero considerevole di insulti e volgarità fanno riferimento ad atti sessuali, ai genitali o a funzioni corporee. La lingua olandese ha poi molte parole che vengono usate solo per gli animali: quando riferite alle persone assumono quindi una accezione negativa ed offensiva.

Lul
Cazzo

Godverdomme
Dio Santo! (imprecazione, "dannazione")

Kut
lett. "Vagina", usata però come imprecazione quando qualcosa va storto

Stront
Merda

Kolere (Klere)
Colera (usato come aggettivo o avverbio)

Pest / Pleuris / Polio / Takke / Tyfus / Tering
Peste / Pleurite / Poliomelite / Infarto / Tifo / Tubercolosi
(si usano sia come insulti diretti che come avverbi/aggettivi rafforzativi di altri insulti)

Krijg de klere! / Rot op!
Vaffanculo

Kan me geen reet schelen
Non me ne frega un cazzo

Eikel / Lul / Klootzak
Stronzo, testa di cazzo

Kankerlijer
Malato di cancro (uso delle malattie come insulto, come detto nell'introduzione)

Kutterkop
Testa di vagina (insulto rivolto alle donne)

Kutwijf
Troia

Stom wijf
Stupida

Doos
lett. "scatola", usato per figa

Poes / Muts
Altri modo di dire "figa"

Klotzak
Scroto (è un insulto)

Slet
Puttana

Teef
Cagna, stronza

Franse slag
Pompino

20
PERSIANO

Il Persiano è la lingua ufficiale in Iran, Afghanistan e Tagikistan. Viene inoltre parlato anche in Uzbekistan e dovunque ci siano migranti da questi paesi (cioè ovunque). L'alfabeto è simile a quello arabo, ma i suoni e la grammatica sono completamente diversi. Siccome però a noi interessano le parolacce, eccone una ricca lista. Una precisazione: se non avessi deciso di escludere gli insulti omofobi, questo capitolo sarebbe molto più lungo.

❖

Kos
Figa

❖

Kir
Cazzo

❖

Kun
Culo

Goh-ann
Merda

Koskesh / Jakesh
Puttaniere

Bisharaf
Senza onore (in Iran è un'offesa grave)

Kiram dahanet
Vaffanculo (lett. "io mio cazzo nella tua bocca")

Kheng
Cretino

Harum Zadè
Bastardo

Goh khor
Mangiamerda

Jende
Puttana

Kuni
Stronzo

Khar / Olagh
Stupido, asino

Kir amo bokhor
Succhiami il cazzo

Kose khaharet
Fanculo tua sorella

Kose nanat
Fanculo tua mamma

Mirinam to kose nanat
Cago sulla figa di tua madre

Pedar sag
Figlio di un cane

Kardan
Scopare

Bishour
Stupido

Khaye mal
Leccaculo

Bi khaye
Cagasotto, fifone

Lashì
Stronzo

Ridam tu ghabre babat
Cago sulla tomba di tuo padre (non ditelo mai, mi raccomando)

Kos khol / Osgol
Scemo

Mardikè / Zanikè
Meschino/a

Meymun
Brutto come una scimmia

❖

Dayus
Cornuto

❖

POLACCO

Una lista di come dire parolacce in polacco potrebbe continuare all'infinito, dato che i polacchi (e gli slavi in generale) tendono ad essere molto creativi quando sono arrabbiati. Le parolacce in polacco possono essere combinate, riformulate e usate come vuoi ma ricorda sempre la cosa più importante: stai attenti a chi le dici. Dire parolacce davanti ai colleghi di lavoro o ai membri anziani della famiglia è considerato un comportamento molto sconveniente. Lo stesso vale per le parolacce davanti ai bambini. Avendo scartato le offese razziste e quelle omofobe la lista che segue si è ridotta notevolmente.

Kurwa
Puttana, ma usato spesso come intercalare (il nostro "cazzo") o rafforzativo di altri insulti

Chuj
Cazzo

Pizda
Figa

Jebac / Rżnąć / Pierdolic
Scopare, fottere

Robic loda
Fare un pompino

Spierdalaj
Vaffanculo

Pieprz się!
Fanculo

Dupek / Huj
Stronzo

Skurwysyn
Figlio di puttana

Idź do diabła
Va' a cagare

Gowno
Merda

Dupa
Culo, ma usato anche per "Bella figa" (?)

Krowa
Stronzo

Gówno wiesz
Non capisci un cazzo

Dziwka / Zdzira
Troia

Odwal się
Levati dalle palle

Kurwiarz
Puttaniere

Srać
Cagare

Szczać
Pisciare

Walić konia
Masturbarsi

PORTOGHESE

Il portoghese è una delle lingue più parlate al mondo (>250 milioni di persone) ed è la lingua ufficiale di Portogallo, Brasile ed alcuni stati africani. Come in qualsiasi altra lingua occidentale, anche in portoghese il turpiloquio è segnato da termini di carattere sessuale e scatologico (questi ultimi a volte usati anche in senso positivo). Le parolacce in portoghese sono indicate come *impropérios, obscenidades, vulgaridades*. Palavrão significa letteralmente "parola grossa"- quindi brutta e/o cattiva - e *dizer/falar palavrões* (dire/parlare) è usare un linguaggio osceno.

Cona / Rata / Pachacha
Figa

Caralho / Piroca / Pila
Cazzo

Cu / Bunda
Culo

Chupada / Broche
Pompino

Va tomar no cu
Vaffanculo

Caralho!
Fanculo!

Peido
Scoreggia

Chupa meu pau
Succhiami il cazzo

Puta
Puttana

Filho de puta
Figlio di puttana

Besteira
Cazzate

Vai te fode / Fode-te
Fottiti

Parvo
Cretino

Foda / Queca
Scopata

Rapidinha
Sveltina

Merda
Merda

Imbecil
Imbecille

Burro
Asino

Cabrão / Sacana
Bastardo

Estupido
Stupido

Fazer uma espanholada
Fare una "spagnola"

Chupa minha buceta
Leccami la figa

Bolas
Palle

Vai a merda
Va' a cagare

Puta que pariu
La puttana che ti ha messo al mondo (usato come imprecazione "cazzo!")

Corno
Cornuto

Palerma
Idiota

Monte de merda
Pezzo di merda

Vaca
Troia (lett. Vacca)

RUMENO

Il rumeno è la seconda lingua "madre" più parlata nel nostro Paese. E' quindi facile fare pratica con qualche amico di origine rumena, ovviamente precisando prima che si vuole solo conoscere meglio un'altra cultura. Condividendo con l'italiano le radici latine, molte parole ci suonano persino familiari. Vediamole.

◈

Pula
Cazzo

◈

Pizda
Figa

◈

Cur
Culo

◈

Cacat
Merda

Bou
Stronzo

Să te fut
Fanculo

Rahatule
Pezzo di merda

La muie
Pompino

Du-te dracu
Vaffanculo

Natang
Scemo

Prost
Scemo

Muistule
Pompinaro

❖

Sugi pula mea
Succhiami il cazzo

❖

Curva
Puttana

❖

Fiu de curva
Figlio di puttana

❖

Du-te dracului
Va' al diavolo

❖

Magar
Coglione, imbecille

❖

Scorpie
Cagna, Stronza

❖

Pula mea
E che cazzo! (esclamazione)

❖

La naiba!
Merda!

❖

Suge pula
Fammi un pompino

❖

Pulalaule
Coglione

❖

RUSSO

Mat è il termine per il linguaggio volgare, osceno o profano in russo e in alcune altre comunità linguistiche slave. Il termine mat deriva dalla parola russa per madre, un elemento essenziale della frase chiave "Ёб твою мать", "yob tvoyu mat'" (fanculo tua madre). Benchè abbia origini antichissime e sia stato usato persino da Pushkin e Tolstoj, il turpiloquio in russia è tuttora un tabù molto sentito. L'uso in pubblico è sanzionato con una multa e - nei casi piu' gravi - con l'arresto. Norme severe ne impediscono l'uso nei mass media e - quando presenti - vengono censurate con bip o asterischi. Per queste ragioni, se volete utilizzare le parolacce che seguono, fatelo con estrema cautela. Come anticipato nell'introduzione, vi risparmio il cirillico, meglio la traslitterazione.

❖

Yob tvoyu mat
Vaffanculo (tua madre)

❖

Khuy / Pizdièz / Pisun
Cazzo

Pizda / Piska
Figa

Yebat'
Scopare

Blyad' / Suka / Kurva
Puttana

Na huj
Va' a cagare

Kozel
Stronzo

Ghovno
Merda

Govn'uk
Culo merdoso

Ebat'
Fottiti (come fuck in inglese, per intenderci)

Hernya
Stronzate

Trah!
Cazzo! (inteso qui come imprecazione, "merda!")

Bl'adki
Scopare troie

Mudà
Palle, intese come coglioni

Khu'in'a
Cazzate

Pizdorvanka
Figa rotta

Ublyudok
Bastardo

Nasto'eblo
Rompersi i coglioni

Drocka
Sega

Drocila
Segaiolo

Zhopoliz
Leccaculo

Ssat'
Pisciare

Ssykun
Pisciasotto, nel senso di fifone

Srat'
Cagare

Job vas
Andate affanculo

Lysogo v kulake gonyat'
Masturbarsi (lett. "far scorrere il tipo pelato nel pugno")

Kher's nim
Non me frega un cazzo

Mne nasrat'
Altro modo colorito per dire "Me ne frego"

Vrot nassat', ctob morjem pahlo
Lett. "Devo pisciarti in bocca perché tu senta il sapore del mare?", è un modo volgare per chiedere a qualcuno se ha capito una spiegazione

Scljuha
Troia, mignotta

Ot'ebis
Altro modo di mandare affanculo qualcuno, "vattene, sparisci"

Pridurok / Durak
Scemo, cretino

Retourne enculer les mouches
Hai la forfora nel culo

LINGUE SCANDINAVE

Come in altre parti del mondo, imprecare nei paesi nordici è spesso fatto per sfogarsi. Per esempio, quando si è arrabbiati con qualcuno, si vuole esprimere il proprio fastidio per qualcosa, o si cerca di alleviare (mentalmente) il dolore di una martellata su un dito. Proprio come accade in altre lingue, le parolacce nelle lingue nordiche si riferiscono a cose che sono tabù nella cultura locale. In questo capitolo prendiamo in considerazione danese, svedese, norvegese e islandese. Il finlandese invece, avendo origini differenti, merita una trattazione a parte.

❖

Danese

❖

Pik
Cazzo

❖

Fisse / Missekat
Figa

Lort
Merda! (come esclamazione) ma anche "Stronzo"

Kraftedeme
Possa il cancro divorarmi (!)

Fanden / Helvede
Diavolo / Inferno
(come esclamazioni o rafforzativi di altri insulti)

Røv
Culo

Pis
Piscio

Øv!
Cazzo! come imprecazione

Svedese

Fan / Satan / Helvete
Diavolo / Satana / Inferno

come nelle altre lingue scandinave sono sia imprecazioni che termini offensivi

Hora
Puttana

Horunge
Figlio di puttana

Lebb
Troia

Piss / Skit
Piscio / Merda, da usare anche come imprecazioni

Skitstövel
Stronzo

Fitta
Figa

Kuk
Cazzo

Arsel / Røv
Culo

Norvegese

Pikk / Kuk
Cazzo

Fitte
Figa

Faen
Lett. "Diavolo" ma è la parolaccia jolly norvegese, come il "fuck" inglese

Fanden / Helvete / Satan
Offese e imprecazioni a tema satanico, come nelle lingue "sorelle"

Kuksuger
Pompinaro

Kuktryne
Faccia di cazzo

Dritt / Skitt
Merda

Drittsekk
Sacco di merda

Islandese

Andskotans / Djofulsins / Helviti
Imprecazioni e rafforzativi di matrice demoniaca

Skaufi
Cazzo

Kunta
Figa

Skufur
Bastardo

Flòn
Idiota

Garmur
Cazzo

Mannfyla
Stronzo

Drulludeli / Drullukunta
Pezzo di merda

Fardu til helvitis
Vaffanculo (lett. "va' all'inferno")

Rassagat
Buco del culo

SPAGNOLO

Ogni paese ha il suo set di frasi volgari, più o meno utilizzate, e lo spagnolo non fa eccezione, anzi. La lingua spagnola ha un ricco vocabolario di insulti coloriti e spesso fantasiosi. Utilizzare questi termini nelle tue conversazioni casuali con gli amici può rendere il discorso più vivace, ovviamente senza mai esagerare. In fondo ho aggiunto qualche assaggio di insulti e imprecazioni tipiche del Sudamerica, dove lo spagnolo è la lingua ufficiale con l'eccezione del Brasile.

Cabròn
Stronzo

Cojones
Coglioni

Puta
Puttana

Hijo de puta
Figlio di puttana

Hostia puta
Porca puttana

Putón
Troione

Mierda
Merda

Lameculos
Leccaculo

Lerdo
Scemo

Pajero
Segaiolo

Jodete / Qué te jodas
Vaffanculo

Vete a cagar / Vete a la mierda
Vai a cagare

Gillipollas
Cretino

Vete a tomar por culo
Vaffanculo, levati dal cazzo

Zorra
Stronza, troia

La madre que te parió
Letteralmente "la madre che ti ha partorito", viene però usato come esclamazione (cazzo, porca miseria, etc.)

Baboso
Tonto

Becerro
Letteralmente "vitello", ai nostri fini significa cornuto

Boludo
Coglione

Carajo
Cazzo

Chinga a tu madre
Fanculo tua madre

Cabeza de Choto
Testa di cazzo

Cagar
Cagare

Concha de tu madre
La figa di tua madre

Culero
Paraculo

Conchuda
Figa rotta

Fufa
Mignotta

Que te den por el culo
Vaffanculo

Guarro
Porco

Huevon / Huevonazo
Coglione, coglionazzo

Vaya Mierda
Che schifo, che merda!

Me cago en la leche
Non me ne frega un cazzo

Pedo
Scoreggia

Spagnolo Argentino

Forro
Persona di merda

La puta madre
Quella puttana di tua madre

La concha de la lora
Imprecazione ("cazzo!")

Yegua
Vacca

Guacho
Bastardo

Culo roto
Stronzo

Me chupa un huevo
Non me frega un cazzo

Cabeza de pija
Testa di cazzo

❖

Chupame la pija
Succhiamelo

❖

Pendejo
Pezzo di merda

❖

Cagada
Stronzata

❖

Spagnolo Messicano

Chale
Porca vacca

❖

Chingadera
Cazzata

❖

Chingar
Fottere

❖

Culero
Stronzo

Naco
Cafone

Choncho
Grassone

Pinche
Maledetto (rafforza altri insulti, es. "Pinche Culero")

Fundillo / Fundío
Buco del culo

TEDESCO

Il tedesco non è una lingua nota per i suoni musicali ed armoniosi. Tante consonanti, suoni duri ed autoritari, parole lunghe ... tutte caratteristiche perfette per partorire insulti ed imprecazioni perfette. Le parolacce che seguono possono essere utili anche se non vivete in Germania, pensate ad esempio ad una bella finale dei Mondiali Italia - Germania in un hotel sulle Dolomiti. Fatene buon uso, i tedeschi sono spesso corpulenti e non conviene mai esagerare.

Scheiße / Mist
Merda

Hure / weibchen / miststück / nutte
Puttana

Zicke
Stronzo

Beschissen
Schifoso, Merdoso

Arschlock!
Vaffanculo!

Deine Oma masturbiert im stehen!
"Tua nonna si masturba in piedi" (lett.), è un modo colorito di offendere la nonna del proprio antagonista

Drekkige Sau
Sporca troia

Seckel
Coglione

Verrückt
Cretino

Wahnsinnig
Idiota

Pissnelke
Piscione

Du hurensohn
Figlio di puttana

Küss meinen arsch
Baciami il culo

Leck mich am arsch
Leccami il culo

Sau
Troia

Muschi
Figa

Kaputt meine schwanze nicht
Non rompermi il cazzo

Scheiße stück
Pezzo di merda

Schwanzlutscher
Pompinaro

Deine mutter geht in der stadt huren
Tua mamma è una troia

Wichser
Segaiolo

Schwanz / Stachel
Cazzo

Dumm
Scemo

Miststück
Merdoso

Hauptdick
Testa di cazzo

Du bist wie eine fliege in den arsch
Sei come una mosca nel buco del culo

Blöd / blödsinnig / dumm / dummkopf / kretin
Cretino, scemo

Gehest du zum teufel
Va' al diavolo

Blode ziege
Vecchio caprone

Ihre Schwester mit ihrer Pussy und ich genieße die dort arbeiten
Tua sorella lavora con la figa e io mi ci diverto

Verpiss dich
Sparisci, va a cagare, vaffanculo

THAILANDESE

La Tailandia è una meta amata dagli italiani per loro vacanze e - quando si viaggia - le parolacce sono spesso le prime parole che si imparano dopo "grazie"! Saper dire parolacce in thailandese è molto divertente, e non c'è niente di meglio che buttare fuori qualche imprecazione quando hai appena perso l'ultimo autobus o qualcuno ti rovescia il drink dopo che il bar è già chiuso. Siccome la cultura tailandese è basata sulla forma e sul rispetto, il mio consiglio è di stare sempre ben attenti al tono ed al contesto in cui usiamo queste espressioni per non offendere nessuno o - peggio - avere problemi con la legge.

❖

Yèt
Cazzo! (imprecazione)

❖

Yèt maeng
Fanculo tua mamma

❖

Kuay
Cazzo

Om kuay
Succhiami il cazzo

Ee rói kuay
Troia (lett."donna dei 100 cazzi")

Hĕe / Hŏi
Figa

Kêe
Merda

Dtor-lăe
Stronzate

Chìp-hăai
Merda! Disastro! (imprecazione)

Ai nâa ngôh!
Faccia da scemo!

Ai hayng suay
Bastardo!

Ee-dtua / Gah-ree
Puttana

Luke gah-ree / Ai hee-ah
Figlio di puttana

Hoop pahk!
Taci! (in modo rude)

Kwai
Bufalo (nel senso di stupido)

Chuk waow
Masturbarsi (per gli uomini)

Dtok bet
Masturbarsi (per le donne)

TURCO

Da un certo punto di vista il turco è una lingua poetica, romantica. C'è una ragione in fondo per cui ci sono così tante soap opera in questa lingua: i turchi si rivolgono ai loro cari con termini appassionati come "il mio respiro", "i miei occhi" e "la mia vita". Allo stesso modo, anche il senso del dramma è molto sviluppato e i turchi si lanciano insulti molto pesanti e volgari. Di seguito vi propongo una lista di parolacce deliberatamente offensive da usare a proprio rischio e pericolo.

Siktir git
Vaffanculo

Orospu
Puttana

Orospu çocuğu
Figlio di puttana

Sik / Yarrak
Cazzo

❖

Am
Figa

❖

Göt
Culo

❖

Kes sesini
Taci (in modo maleducato)

❖

Şerefsiz
Ladro, disonesto

❖

Hiyar
Cazzo

❖

Piç
Bastardo

❖

Dallama
Idiota

Ezik
Sfigato

Pezevenk
Puttaniere

Yarrak kafa
Testa di cazzo

Yarrağımı ye
Succhiami il cazzo

Ağzına sıçarım
Ti cago in bocca

Anamı avradını sikeyim
Fanculo tua madre e tua moglie

Sülaleni sikeyim
Fanculo tutta la tua famiglia

Sik kafalı
Testa di cazzo

UNGHERESE

L'ungherese è una lingua piuttosto interessante per quanto riguarda il turpiloquio. Abbiamo un'ampia varietà di insulti e parolacce di base con molti termini diversi che coprono lo stesso significato, il cui uso dipende dal livello di abuso verbale che stiamo cercando di mettere in atto. Alcune volgarità sono spesso accoppiate con parole modali che ne rafforzano l'efficacia.

❖

Balfasz
Coglione

❖

Fasz
Cazzo

❖

Faszfej
Testa di cazzo

❖

Lófütty!
Stronzate!

❖

Segg
Culo

❖

Fenèk / Popò / Popsi
Buco del culo

❖

Baszni
Scopare

❖

Nyasgem
Fanculo, sparisci

❖

Kapd be a faszom
Fammi un pompino

❖

Kurva
Puttana

❖

Kurva anyád
Figlio di puttana

Szar
Merda

Baszd meg!
Cazzo! Fanculo! (imprecazione)

Nyals ki a seggem
Baciami il culo

Lòfasz a seggedbe!
Un cazzo di cavallo nel tuo culo (fanculo)

Szívd ki a lukamat!
Succhiami il buco del culo!

Le van szarva / Le van baszva
Non me ne frega un cazzo

Menj a francba
Va' all'inferno

Bassza meg a jegesmedve
Che ti scopi un orso polare (Fanculo l'orso polare)

Szajha
Prostituta

YIDDISH

"*Abi gezunt dos leben ken men zikh ale mol nemen*". Suona bene in yiddish, vero? Tradotto significa all'incirca: "*Resta in salute, perché puoi ucciderti dopo*". L'yiddish è ineguagliabile come lingua tragica ed oscuramente comica, un modo per guardare il lato oscuro della vita e riderci sopra. Sviluppato a partire dall'ebraico e dal tedesco, l'yiddish è diventato una cultura linguistica propria e ricca, con un modo di espressione unico, tutto suo. La metà di queste espressioni sono insulti. Vediamo i migliori.

❖

Schmuk
Cazzo

❖

Shmegegge
Coglione

❖

Beheyme
Scemo, lett."testa di vacca"

Shtup
Scopare

Grepse
Ruttare

Nafka
Puttana, prostituita

Pisher
Piscia-a-letto

Shtik drek
Faccia di merda

Tuches
Leccaculo

Alta kaka
Lett. "vecchia merda", viene usato come termine offensivo verso gli anziani

Ferschnicket
Ubriaco fradicio

Shmendrik
Sfigato, debole

Nem Zich a vaneh!
Va' a tuffarti nel lago (nel senso di "va' a quel paese")

Putz
Cretino

Kholerye
Colera, usato per dare dell'incapace a qualcuno

Er zol kakn mit blit un mit ayter.
Dovrebbe cagare sangue e pus (!)

Fransn zol esn zayn layb.
Che le malattie veneree divorino il suo corpo

Bobbymyseh
Cazzate

Kelev
Cane rognoso

Khamer
Asino (come insulto)

As di bubbe volt gehat beytsim volt zi gevain mayn zaidah
Se mia nonna avesse le palle sarebbe mio nonno

◈

RINGRAZIAMENTI

Cosa pensi di "Parolacce da tutto il mondo"?

Gentile lettore,

prima di tutto, desidero ringraziarti per aver acquistato e letto questo libro. So che ci sono tanti altri libri divertenti in giro, ma tu hai scelto il mio e te ne sono grato. Se questo libro ti è piaciuto, mi farebbe immensamente piacere se trovassi cinque minuti di tempo per lasciare una recensione positiva su Amazon. E' un piccolo gesto ma mi aiuterebbe sia a far conoscere ad altri il mio lavoro sia a supportare i miei futuri progetti editoriali.

Grazie mille!

P.s. Conosci qualche altra parolaccia curiosa nelle lingue che ho incluso in questo libro? Hai notato qualche imprecisione e vuoi segnalarmela così che la possa correggere? Scrivimi a *accademiadelbuonumore@gmail.com* !

www.ingramcontent.com/pod-product-compliance
Lightning Source LLC
Chambersburg PA
CBHW060042230426
43661CB00004B/623